"Laughter is the best medicine"

By Jack Ross

Here it is!
99 good things about Brexit.

1.

2.

3.

4.

5.

6.

7.

8.

9.

10.

11.

12.

13.

14.

15.

16.

17.

18.

19.

20.

21.

22.

23.

24.

25.

26.

27.

28.

29.

30.

31.

32.

33.

34.

35.

36.

37.

38.

39.

40.

41.

42.

43.

44.

45.

46.

47.

48.

49.

50.

51.

52.

53.

54.

55.

56.

57.

58.

59.

60.

61.

62.

63.

64.

65.

66.

67.

68.

69.

70.

71.

72.

73.

74.

75.

76.

77.

78.

79.

80.

81.

82.

83.

84.

85.

86.

87.

88.

89.

90.

91.

92.

93.

94.

95.

96.

97.

98.

99.

In conclusion one can say that there are no good things about Brexit.

No matter how good a populist promise seems to be, the reality is never that simple and the consequences are always worse.